C++-PROGRAMMIERUNG
FÜR ABSOLUT
ANFÄNGER

Ein umfassender Leitfaden zu iostream,
String-Bibliotheken, Datentypen und
OOP-Konzepten

AXEL RYLAN

INHALTSVERZEICHNIS

EINFÜHRUNG IN DIE
C++-PROGRAMMIERUNG

HEine Sprache zu entwickeln, mit der Sie die Grundlagen von Betriebssystemen, Hochleistungsvideospielen und komplexen Finanzhandelsplattformen erstellen können, ist eine außergewöhnliche Erfahrung.

Diese Sprache existiert und sie heißt C++. C++ ist mehr als nur ein Programmierwerkzeug; Es ist ein Schlüssel zum Verständnis der grundlegenden Funktionsweise von Computern und ermöglicht die Entwicklung leistungsstarker und effizienter Anwendungen. Egal, ob Sie ein absoluter Neuling sind, der etwas über das Programmieren lernen möchte, oder ein erfahrener Programmierer, der seine Fähigkeiten erweitern möchte: C++ bietet eine einzigartige Mischung aus Kontrolle und Flexibilität, die es zu einem Eckpfeiler der modernen Softwareentwicklung gemacht hat. Begeben wir uns auf eine Reise, um die Komplexität von C++ zu entdecken. Beginnen wir bei seinen Wurzeln und verstehen wir, warum es in der heutigen digitalen Landschaft immer noch eine wichtige Sprache ist.

Was ist C++?

C++ ist eine leistungsstarke, anpassungsfähige und beliebte Programmiersprache. Sie wird als Allzwecksprache klassifiziert, was bedeutet, dass sie für eine Vielzahl von Anwendungen gedacht ist.

- Es erweitert die Programmiersprache C um Eigenschaften der objektorientierten Programmierung (OOP) und ermöglicht so modulare, wiederverwendbare und wartbare Programme.

C++ verfügt über umfassende Kontrolle über Systemressourcen und ist daher ideal für leistungskritische Anwendungen. Es unterstützt prozedurale und objektorientierte

Programmierparadigmen und ermöglicht so flexible Problemlösungsansätze.

C++ ist eine kompilierte Sprache, das heißt, der Quellcode wird vor der Ausführung in Maschinencode umgewandelt. Dieser Kompilierungsprozess ermöglicht die schnelle Ausführung von C++-Anwendungen.

Die Geschichte und Entwicklung von C++

Bjarne Stroustrup entwickelte C++ in den späten 1970er und frühen 1980er Jahren bei Bell Labs. Ursprünglich hieß es „C with Classes" und zielte darauf ab, die Programmiersprache C um objektorientierte Fähigkeiten zu erweitern. C++ erhielt 1983 seinen neuen Spitznamen. Der „++"-Operator in C stellt ein Inkrement dar, was bedeutet, dass C++ eine Erweiterung von C ist.

Die Internationale Organisation für Normung (ISO) hat die Sprache mehrfach standardisiert und Versionen wie C++98, C++03, C++11, C++14, C++17 und C++20 hervorgebracht. Jeder neue Standard bringt wesentliche Verbesserungen und Funktionen mit sich. * C++ wurde als Reaktion auf die Notwendigkeit weiterentwickelt, leistungsfähigere und effizientere Software zu erstellen und die Komplexität großer Softwareprojekte besser zu verwalten.

Warum C++ lernen?

- **Leistung**: C++ ist für seine Geschwindigkeit und Effizienz bekannt und eignet sich daher perfekt für Anwendungen, die eine hohe Leistung erfordern, wie z. B. Spieleentwicklung, Betriebssysteme und eingebettete Systeme.

Kontrolle
C++ bietet umfassende Kontrolle über Systemressourcen und ermöglicht Entwicklern

die Optimierung ihrer Programme für bestimmte Hardware.

- **Vielseitigkeit**: C++ kann zum Erstellen einer Vielzahl von Programmen verwendet werden, darunter Desktop-Software, mobile Apps, Webserver und wissenschaftliche Simulationen.

Beschäftigungsmöglichkeiten: C++ ist ein weithin gefragtes Talent in der Softwareentwicklungsbranche, das mehrere Beschäftigungsmöglichkeiten bietet.

- **Grundlage für andere Sprachen:**Das Verständnis von C++ bildet eine solide Grundlage für das Erlernen anderer Programmiersprachen, da viele über vergleichbare Prinzipien und Syntax verfügen.

Großes und ausgereiftes Ökosystem:C++ gibt es schon seit Jahrzehnten, daher stehen Entwicklern zahlreiche Bibliotheken, Tools und Ressourcen zur Verfügung.

- **Wissenscomputerarchitektur**:Die Arbeit mit C++ hilft Ihnen, bessere Kenntnisse darüber zu erlangen, wie Computer auf einer niedrigeren Ebene funktionieren.

Spieleentwicklung

Die meisten High-Budget-Videospiele werden mit C++ erstellt.

C++ wird häufig in eingebetteten Systemen verwendet, darunter Autos, Haushaltsgeräte und medizinische Geräte. Es wird auch im Hochleistungsrechnen eingesetzt, etwa bei Finanzanwendungen und wissenschaftlichen Simulationen.

TEIL I

Konfigurieren Ihrer Entwicklungsumgebung (Compiler, IDE)

Compiler
Übersetzt menschenlesbaren C++-Code in Maschinensprache. Beliebte Alternativen sind GCC (GNU Compiler Collection), Clang und Microsoft Visual C++ Compiler. Die Installation variiert je nach Betriebssystem; Ausführliche Anweisungen sind online verfügbar.

Integrierte Entwicklungsumgebung (IDE)
Eine Software-Suite, die das Codieren durch Editor, Compiler-Integration und Debugging vereinfacht. Für Anfänger empfohlen: Visual Studio Code (mit C++-Erweiterung), Code::Blocks und Dev-C++. Wählen Sie eines aus, das Ihrem Betriebssystem und Komfortniveau entspricht.

Schreiben Sie Ihr erstes C++-Programm: „Hello, World!"

Öffnen Sie Ihre bevorzugte IDE oder Ihren bevorzugten Texteditor. Geben Sie den folgenden Code ein:

```C++
#include <iostream>

    int main() {
        std::cout << „Hallo, Welt!" << std::endl;
        0 zurückgeben;
    }
```

Speichern Sie die Datei mit dem Suffix „.cpp" (z. B 'Hallo.cpp').
Kompilieren Sie die Anwendung und führen Sie sie aus.
Erleben Sie die Magie der Botschaft „Hello, World!" wird auf Ihrer Konsole angezeigt.

Grundlagen der C++-Syntax

Die grundlegende Programmstruktur beginnt mit „#include"-Anweisungen für Bibliotheken.

Der Einstiegspunkt Ihres Programms ist 'int main()'.
Der Code steht in geschweiften Klammern '{}'.
'Gib 0 zurück;' bedeutet erfolgreiche Programmausführung.

- **Kommentar**: Einzeilig und mehrzeilig:
- **Einzeiler**: '// Dies ist ein Kommentar'
- **Mehrzeilig**: "/*" Dies ist ein mehrzeiliger Kommentar */' * Wird zur Verdeutlichung des Codes verwendet; vom Compiler ignoriert.
- **Leerzeichen und Formatierung**
- Leerzeichen, Tabulatoren und neue Zeilen verbessern die Lesbarkeit.
- Eine konsistente Einrückung ist für die Klarheit des Codes unerlässlich.

C++ ignoriert normalerweise überflüssige Leerzeichen.

Semikolons und Anweisungen
Semikolons (';') beenden jede Anweisung.
Die Standardbibliothek ist eine Sammlung vorgefertigten Codes für allgemeine Vorgänge.

Anweisungen sind Anweisungen, die der
Computer ausführt.
#include <iostream> ermöglicht die
Ein-/Ausgabefunktionalität.
Standard::Namensraum Enthält
Standardbibliothekselemente.
Bibliotheken erweitern die Fähigkeiten von C++.

TEIL II

Datentypen und Variablen

Grundlegende Datentypen:'int' (Ganzzahl): Speichert ganze Zahlen, z. B. -10, 0, 42. Die Größe variiert je nach System, beträgt jedoch üblicherweise 4 Byte.

'float' (Gleitkomma): Speichert Gleitkommazahlen mit einfacher Genauigkeit (z. B. 3,14, -2,5). Typischerweise vier Bytes.

'double' (Gleitkomma mit doppelter Genauigkeit): Enthält Gleitkomma-Ganzzahlen mit doppelter Genauigkeit (z. B. 3.14159, -1.23e10). Bietet mehr Präzision als „Float". Typischerweise acht Bytes.

'verkohlen' (Charakter): Speichert einzelne Zeichen (z. B. „a", „Z" und „7"). Normalerweise ein Byte.

'bool' (Boolescher Wert):Enthält logische Werte („wahr" oder „falsch"). Normalerweise ein Byte.

Variablendeklaration und -Initialisierung

- **Erklärung**: 'Datentyp Variablenname;' (Beispiel: 'int age;')
- **Initialisierung**: 'Datentyp Variablenname = Wert;' (Beispiel: 'int age = 30;')

Kombiniert: 'Datentyp Variablenname = Wert;' (Beispiel: 'double pi = 3.14159;')

- Variablen müssen deklariert werden, bevor sie verwendet werden können.

Konstanten ('const'): Definieren Sie Variablen, die nach der Initialisierung nicht mehr geändert werden können.

- **Syntax**: 'const data_type konstanter_name = value;' (Beispiel, 'const double PI = 3.14159;')

Erhöht die Zuverlässigkeit des Codes und verhindert unbeabsichtigte Änderungen.

- **Typ Casting**:Konvertiert eine Variable von einem Datentyp in einen anderen.

Implizites Casting: Der Compiler konvertiert Werte automatisch (z. B. „int" in „double").

- Explizites Casting ist eine manuelle Konvertierung mithilfe von Casting-Operatoren (z. B.'static_cast<data_type>(variable)').

Zum Beispiel: 'double result = static_cast<double>(5) / 2;'

Der Operator „sizeof" gibt die Größe (in Bytes) eines Datentyps oder einer Variablen zurück.

- Die Syntax ist sizeof(data_type)' oder sizeof(variable_name)'.

Nützlich zur Berechnung der Speichernutzung und zur Gewährleistung der Portabilität.

Operatoren und Ausdrücke

Zu den arithmetischen Operatoren gehören „+"
(Addition), „-" (Subtraktion), „*"
(Multiplikation), „/" (Division) und „%"
(Modulo – Residuum).
Zum Beispiel: 'int sum = 10 + 5;' 'int verbleibend
= 10 % 3;'
 Zuweisungsoperatoren: „=" (Zuweisung), „+="
(Hinzufügen und Zuweisen), „-=" (Subtrahieren
und Zuweisen), „*=" (Multiplizieren und
Zuweisen), „/=" (Dividieren und Zuweisen) und
„%=" (Modulo und Zuweisen).
- Beispiel: 'int x = 5; x += 3;' (x ist jetzt
  gleich 8).

CVergleichsoperatoren: '==' (Gleich), '!='
(Ungleich), '>' (Größer als), '<' (Kleiner als), '>='
(Größer als oder gleich) und '<=' (Kleiner als
oder gleich).
- Gibt einen „bool"-Wert („true" oder
  „false") zurück.

Zum Beispiel: 'bool isEqual = (10 == 10);'

- **Logische Operatoren**: '&&' (Logisches UND): Gibt „wahr" zurück, wenn beide Operanden wahr sind.

Das '||' Der Operator (Logisches ODER) gibt „wahr" zurück, wenn mindestens ein Operand „wahr" ist.

- Der '!' Der Operator (Logisches NICHT) kehrt den logischen Zustand seines Operanden um.

Zum Beispiel, 'bool result = (true && false) || WAHR;' Operator **Vorrang**:Steuert die Reihenfolge, in der Operatoren in einem Ausdruck ausgewertet werden.

- Klammern „()" können die Priorität außer Kraft setzen.

Gemeinsame Reihenfolge (von oben nach unten): Klammern, Multiplikation/Division/Modulo, Addition/Subtraktion, Vergleich, logisches UND, logisches ODER, Zuweisung. Beispiel: 'int result = 10 + 5 * 2;' (Die Multiplikation erfolgt zuerst).

Eingabe und Ausgabe mit iostream

Vorstellung der iostream-Bibliothek Die
C++-Bibliothek „iostream"
(Eingabe-/Ausgabestream) unterstützt Eingabe-
und Ausgabeoperationen. Es ermöglicht Ihrer
Software, über die Konsole mit dem Benutzer zu
kommunizieren (Standardeingabe und -ausgabe).

- 'iostream' ist über die enthalten '#include
  <iostream>Richtlinie. Dabei werden
  Streams verwendet, bei denen es sich um
  Ansammlungen von Bytes handelt, die
  von einer Quelle zu einem Ziel übertragen
  werden.

Verwendung von „std::cout" für die Ausgabe
std::cout (Zeichenausgabe) stellt den
Standardausgabestream dar (oft die Konsole).
Der '<<' (Einfügung) Operator sendet Daten an
std::cout.

    Beispiel:std::cout „Hallo, C++!"
std::endl;'std::endl' Fügt ein neues Zeilenzeichen
hinzu und löscht den Ausgabestream.

Benutzen std::cin zur Eingabe:
std::cin(Zeicheneingabe) ist ein Objekt, das den
Standardeingabestream (häufig die Tastatur)
darstellt.

- Zum Lesen von Daten std::cin, verwenden
  Sie den Operator „>>" (Extraktion).

Zum Beispiel, int Alter; std::cin >> Alter;.
std::cin wartet darauf, dass der Benutzer eine
Ganzzahl eingibt und drückt dann die
Eingabetaste.

Formatieren der Ausgabe für Manipulatoren
Manipulatoren sind Funktionen, die den Zustand
eines Ausgabestreams ändern.
Beispiele: std::setprecision(n)
Bestimmt die Anzahl der Dezimalstellen für
Gleitkommawerte (benötigt #include <iomanip>
std::fixed zeigt Gleitkomma-Ganzzahlen in
Festkomma-Notation an.
std::setw(n): Legt die Breite des Ausgabefelds
fest #include iomanip> ist erforderlich).
std::left und std::right Geben Sie an, ob die
Ausgabe links- oder rechtsbündig erfolgen soll.

Zum Beispiel:std::cout << std::fixed << std::setprecision(2) << 3.14159 << std::endl

Fehlerbehandlung für cin.fail(): std::cin.fail() gibt „true" zurück, wenn der letzte Eingabevorgang fehlgeschlagen ist (z. B. wenn der Benutzer einen Buchstaben anstelle einer Zahl eingegeben hat).
Dies ist notwendig, um Benutzereingaben zu validieren und Anwendungsabstürze zu vermeiden.
Um das Fehlerflag zu löschen, rufen Sie an std::cin.clear()
Um die verbleibende Zeile, die den Fehler verursacht hat, zu ignorieren, verwenden Sie std::cin.ignore(std::numeric_limitsstd::streamsiz e>::max(), 'n');

C++
int Nummer;
Wenn (!(std::cin >> Nummer) {
std::cout << „ungültige Eingabe!" << std::endl;
std::cin.clear(); std::cin.ignore.

```
(std::numeric_limits <std::streamsize>::max(),
'\N');
```

Arbeiten Sie mit Saiten

Eine Einführung in die std::string
Der std::string Klasse (enthalten in der #include <string> Header) ist eine leistungsstarke und praktische Möglichkeit, mit Zeichenfolgen in C++ zu arbeiten. Es verwaltet den Speicher automatisch und macht String-Operationen sicherer und einfacher.

String-Deklaration und Initialisierung
Erklären: std::string str;
Initialisieren: std::string str = "Hallo";
oder std::string str("Hallo");

String-Manipulation (Verkettung, Länge, Teilstrings)
Verwenden Sie zur Verkettung den Operator „+"
oder append() Verfahren.
Länge: Verwenden Sie die Länge() oder Größe() Methoden.
Verwenden Sie für Teilzeichenfolgen die substr(Anfang, Länge) Technik.
 Ein Beispiel:

C++

```
std::Zeichenfolge str1 = "Hallo";
std::Zeichenfolge str2 = "Welt";
std::Zeichenfolge kombiniert = str1 + str2;
int len = kombinierte.länge(); std::Zeichenfolge
sub = Combined.substr(0, 5);
```

String-Eingabe und -Ausgabe: Um ein einzelnes Wort zu lesen, rufen Sie an std::cin >> str;
std::getline(std::cin, str);liest die gesamte Zeile, einschließlich Leerzeichen. Um eine Zeichenfolge auszugeben, verwenden Sie die Syntax std::cout << str;

Vergleich von Saiten

Verwenden '==', '!=', '<', '>', '<=', Und '>=' Operatoren zum lexikografischen Vergleichen von Zeichenfolgen.

Der vergleichen() Die Methode ermöglicht umfassende Vergleiche. Beispiel:

C++

```
std::Zeichenfolge strA = "Apfel";
std::Zeichenfolge strB = "Banane";
```

Wenn (strA < strB) { std::cout << „Apfel kommt vor Banane" << std::endl; }

TEIL III

Kontrollieren Sie den Ablauf und die Funktionen

Kontrollstrukturen für die Entscheidungsfindung

'Wenn' Anweisungen: Führt einen Codeblock aus, wenn eine bestimmte Bedingung erfüllt ist 'WAHR'. Syntax:

```
C++
Wenn (Bedingung) { // Code ausführen, wenn Bedingung wahr ist }
```

Beispiel:
```
C++
int x = 10; if (x > 5) { std::cout << "x ist größer als 5" << std::endl;
```

Wenn-sonst Anweisungen: Führt einen Codeblock aus, wenn die Bedingung erfüllt ist 'WAHR' und noch eine, wenn ja 'FALSCH'.
Syntax:
C++
Wenn (Bedingung) { // Code ausführen, wenn Bedingung wahr ist } anders { // Code ausführen, wenn Bedingung falsch ist }

Beispiel
C++
int x = 3; if (x > 5) { std::cout << "x ist größer als 5" << std::endl; } else { std::cout << "x ist nicht größer als 5" << std::endl; }

wenn-sonst wenn-sonst Anweisungen: Überprüft viele Kriterien nacheinander.
Syntax:
C++
Wenn (condition1) { // Code für Bedingung 1 } sonst wenn (condition2) { // Code für Bedingung 2 } anders { // Code für Standardfall }

Beispiel:

C++

```
int-Score = 85; if (score > 90) { std::cout << "A"
<< std::endl; } else if (score>=80) { std::cout <<
"B" << std::endl; } sonst { std::cout << "C oder
niedriger" << std::endl; }
```

Schalten Anweisungen: Bestimmt den auszuführenden Codeblock basierend auf einem Ausdruckswert.

Syntax:

C++

schalten (Ausdruck) { Fall value1: // Code für value1 break; case value2: // Code für value2 brechen;
Standard: // Standardcode }

Beispiel:

C++

int Tag = 3; switch (day) { case 1: std::cout << "Monday" << std::endl; brechen; Fall 2: std::cout << "Tuesday" << std::endl;
'

Ternärer Operator: Abkürzung für wenn-sonst Aussagen.
Syntax: Bedingung?Ausdruck1:Ausdruck2;
Wenn Zustand Ist WAHR, '
Ausdruck1 wird ausgewertet; ansonsten,
Ausdruck2 beurteilt wird.
Beispiel:

C++

```cpp
int Alter = 20; std::string result = (Alter > 18)?
„Erwachsener" = „Minderjährige"; std::cout <<
Ergebnis << std::endl;
```

Kontrollstruktur: Schleifen

für Schleifen: Führt einen Codeblock für eine festgelegte Anzahl von Malen wiederholt aus.
Syntax:
for (Initialisierung; Bedingung; Inkrementieren/Dekrementieren) { // Code }

UNDBeispiel
C++
für (int i = 0; i < 5; i++). { std::cout << i << " ";
} std::cout << std::endl;

während Schleifen: Führt einen Code wiederholt aus, wenn eine Bedingung „wahr" ist.
 Syntax:
while (Bedingung) { // Code}

Beispiel:
C++
int i = 0; while (i < 5) { std::cout << i << " ";
i++;
std::cout << std::endl;

tun-während Schleifen: Führt einen Codeblock einmal und dann wiederholt aus, wenn eine Bedingung erfüllt ist 'WAHR'.
 Syntax ist do { // Code } while (condition);

Beispiel
C++

```cpp
int i = 0; do { std::cout << i << " "; i++; } while (i < 5); std::cout << std::endl;
```

brechen Und weitermachen **Aussagen:** brechen beendet die Schleife sofort.
Der weitermachen Diese Option überspringt die aktuelle Iteration und fährt mit der nächsten fort.
Beispiel:
C++

```cpp
For (int i = 0; i < 10; i++) { if (i == 5) { break; // Schleife verlassen, wenn i gleich 5 ist }
Wenn (i% 2 == 0), fahren Sie fort; // gerade Zahlen überspringen.
Std::cout << i << " ";
std::cout << std::endl;
```

Verschachtelte Schleifen:Eine Schleife innerhalb einer Schleife. Geeignet für die Iteration über mehrdimensionale Daten oder die Durchführung komplexer Operationen.

Beispiel:

C++

```
for (int i = 0; i < 3; i++) { for (int j = 0; j < 3;
j++). { std::cout << "(" << i << ", " << j << ") ";
std::cout << endl;
```

Funktion: Modulare Programmierung

Funktionen sind eigenständige Codeblöcke, die bestimmte Aufgaben ausführen.

Erklärung (Prototyp): Deklariert den Namen, den Rückgabetyp und die Parameter der Funktion.

Syntax:return_type Funktionsname(parameter_list);

Beispiele: int add(int a, int b);

Definition: Gibt den Code an, den die Funktion ausführt.

Syntax:
C++

return_type Funktionsname(parameter_list) { // Funktionskörper zurückkehren return_value; }

Beispiel:
C++

int add(int a, int b) { return a + b; }

Funktionsparameter und Rückgabewerte

Parameter: Variablen, die einer Funktion als Eingabe bereitgestellt werden.

- Formale Parameter werden in der Funktionsdefinition angegeben.

- Die tatsächlichen Parameter (Argumente) werden beim Aufruf der Funktion übergeben

- Parameter ermöglichen es Funktionen, mit mehreren Datensätzen zu arbeiten, ohne den Code neu schreiben zu müssen.

- **Rückgabewerte**:Der von einer Funktion zurückgegebene Wert, sobald sie ihre Aufgabe abgeschlossen hat.

- Die Return-Anweisung sendet einen Wert an den aufrufenden Code zurück.

- Eine Funktion kann jeden Datentyp oder „void" zurückgeben, wenn kein Wert zurückgegeben wird.

Beispiel:

C++

```
int result = add(5, 3); // Ergebnis ist gleich 8
```

Prototypen für Funktionen

Funktionsprototypen deklarieren Funktionen, bevor sie definiert werden. Es benachrichtigt den Compiler über die Signatur der Funktion (Rückgabetyp, Name und Parameter).

Dies ist erforderlich, wenn eine Funktion aufgerufen wird, bevor ihre Definition im Code erfolgt.

Beispiel

C++

```
int multiply(int x, int y); // Prototyp.

int main() { int product = multiply(4, 6);
std::cout << Produkt << std::endl; 0
zurückgeben; }

Int multiply(int x, int y) { // Definition return x *
y; }
```

Umfang der Variablen (lokal und global)

- **Lokale Variablen:** Wird innerhalb einer Funktion oder eines Codeblocks deklariert.
- Nur im Rahmen ihrer Deklaration zugänglich.
- Wird zerstört, wenn eine Funktion oder ein Block beendet wird.

Globale Variablen

Wird außerhalb jeder Funktion deklariert und ist von überall in der Anwendung aus zugänglich. Gehen Sie sparsam damit um, um Konflikte zu vermeiden und den Code klar zu halten.

Beispiel

C++

```
int globalVar = 10; // Globale Variable.

void myFunction() { int localVar = 5; // Lokale
Variable std::cout << globalVar + localVar <<
std::endl; }
```

Funktionsüberladung

Aktiviert mehrere Funktionen mit demselben Namen, aber unterschiedlichen Parametern. Der

Compiler wählt die aufzurufende Funktion basierend auf der Menge und Art der Argumente aus.

- Verbessert die Flexibilität und Lesbarkeit des Codes.

Beispiel

C++

```
int add(int a, int b) { return a + b; }
```

Double add(double a, double b) gibt a + b zurück.

```
int add(int a, int b, int c) { return a+b+c; }
```

```
int main() { std::cout << add(2, 3) << std::endl;
// Aufrufe int add(int, int) std::cout << add(2.5,
3.5) << std::endl; // Ruft double add(double,
double) std::cout << add(1,2,3) << std::endl auf
```

TEIL IV

EINFÜHRUNG IN DIE OBJEKTORIENTIERTE PROGRAMMIERUNG (OOP)

Was ist objektorientierte Programmierung (OOP)? Bei der objektorientierten Programmierung (OOP) orientiert sich das Softwaredesign an Daten oder Objekten und nicht an Funktionen und Logik. Ziel ist es, wiederverwendbare und modulare Programme zu erstellen, indem reale Entitäten als Objekte dargestellt werden.

Zu den Schlüsselprinzipien von OOP gehören Kapselung, Vererbung, Polymorphismus und Abstraktion. OOP fördert die Wiederverwendung, Wartung und Erweiterbarkeit von Code.

- **Definition von Klassen**:Eine Klasse dient als Vorlage für die Konstruktion neuer Objekte. Es gibt die Daten (Attribute/Mitgliedsvariablen) und Verhaltensweisen (Methoden/Mitgliedsfunktionen) an, die Objekte in dieser Klasse besitzen werden.

Syntax

C++

```
Klasse Klassenname {
// Zugriffsspezifizierer (öffentlich, privat,
geschützt)
// Mitgliedsvariablen (Attribute)
// Mitgliedsfunktionen (Methoden)
};
```

Beispiel

C++

```
class Car { public: std::string brand;
std::string-Modell; int Jahr; void displayInfo(); //
Methodendeklaration private: int milesage; };
```

Objekte erstellen

Ein Objekt repräsentiert eine Klasseninstanz. Objekte werden mit dem Klassennamen gefolgt vom Objektnamen erstellt. **Beispiel:**
C++

Auto myCar; // Eine Car-Klasse erstellen

Zugreifen auf Klassenmitglieder (öffentlich, privat)

- **Öffentlich**: Auf als öffentlich definierte Mitglieder kann von jedem Ort außerhalb der Klasse aus zugegriffen werden.

Beispiel:myCar.brand = "Toyota";

Privat
Auf private Mitglieder kann nur innerhalb der Klasse zugegriffen werden. Dies bietet Datenmaskierung und -kapselung. Öffentliche Methoden ermöglichen den Zugriff auf private Daten von außerhalb der Klasse.

Beispiel
C++

Klasse Auto {

```
Privat:
  int Kilometerstand;
öffentlich:
    void setMileage(int miles){
        Kilometerstand = Meilen;
    }
    int getMileage(){
        Rückfahrkilometer;
    }
};
int main(){
    Auto myCar;
    myCar.setMileage(10000);
    std::cout << myCar.getMileage();
}
```

Konstruktoren und Destruktoren

- **Konstrukteure:**Automatisch Diese Funktionen werden beim Erstellen eines Objekts aufgerufen und initialisieren die Datenelemente des Objekts.

Teilen Sie den gleichen Namen wie die Klasse. Haben keinen Rückgabetyp (nicht einmal „void").

Standardkonstruktoren:

Ein Konstruktor, der keine Argumente erfordert. Wenn kein Konstruktor definiert ist, verwendet der Compiler einen Standardkonstruktor.

Beispiel

C++

```
Car() { brand = „Unknown" model =
„Unknown" year = 0 }
```

Parametrisierte Konstruktoren

Konstruktoren, die Parameter akzeptieren, um die Datenelemente des Objekts einzurichten.

Beispiel:

C++

```
Car(std::string b, std::string m, int y) { brand =
b; Modell = m; Jahr = y; }
```

Das Erstellen eines Objekts mit diesem
Konstruktor könnte folgendermaßen aussehen:
Auto myCar(„Honda", „Civic", 2022);

Konstruktoren kopieren
Diese Konstruktoren generieren ein neues
Objekt, indem sie ein vorhandenes Objekt
derselben Klasse kopieren.
Syntax:
Klassenname(const Klassenname&obj);
Wird verwendet, um Objekte nach Wert zu
senden oder ein neues Objekt aus einem
vorhandenen zu erstellen.

Zerstörer
Spezielle Memberfunktionen, die automatisch
aufgerufen werden, wenn ein Objekt zerstört
wird (entweder außerhalb des
Gültigkeitsbereichs oder explizit gelöscht).

- Wird verwendet, um vom Objekt zugewiesene Ressourcen (z. B. RAM) freizugeben.

- Verwenden Sie denselben Namen wie die Klasse, dem eine Tilde ('~') vorangestellt ist.

- Diese Funktion benötigt keine Parameter und hat keinen Rückgabetyp.

Beispiel:

C++

```
~Car() { // Code bereinigen }
```

Kapselung und Datenversteckung

Bei der Kapselung werden Daten (Attribute) und Methoden (Funktionen) in einer einzigen Klasse zusammengefasst.

- Hilft bei der Codeorganisation und dem Schutz der Datenintegrität.
- Fördert Modularität und Code-Wiederverwendung.

Datenverstecken
Verwenden Sie Zugriffsspezifizierer wie „private" und „protected", um den externen Zugriff auf bestimmte Klassendatenmitglieder einzuschränken.

- Bewahrt die Datenintegrität, indem unerwartete Änderungen verhindert werden.

Getter- und Setter-Methoden
Öffentliche Methoden für den Zugriff auf und die Änderung privater Datenelemente.

- **Getter-Methoden
  (Accessor-Methoden).**:Den Wert eines
  privaten Datenelements abrufen.

Beispiel:

int getMileage() { return milesage; }

Setter-(Mutator-)Methoden
Ändern Sie den Wert eines privaten
Datenelements.
Beispiel:
void setMileage(int miles) { if (miles >= 0)
milesage = miles; }

Die Kapselung beruht in hohem Maße auf der
Verschleierung von Informationen. Dabei geht
es darum, die internen
Implementierungsinformationen einer Klasse vor
externen Beobachtern zu verbergen. Über
öffentliche Schnittstellen (Getter- und
Setter-Methoden) werden nur die wesentlichen
Informationen und Funktionalitäten
bereitgestellt.

Mit dieser Funktion können Entwickler die interne Implementierung anpassen, ohne dass sich dies auf den Code auswirkt, der die Klasse verwendet. Es verbessert die Wartbarkeit des Codes und verringert die Fehlerwahrscheinlichkeit.

Grundlegende Implementierung der String-Klasse Beispiel

Entwicklung einer grundlegenden String-Klasse zur Vertiefung des OOP-Wissens:

C+(

```
#include <iostream> #include <string> // Für
strlen und strcpy.

Klasse MyString { private: char data, int length;

Öffentlich: // Konstruktor MyString(const char
 str = "") { length = std::strlen(str); data = new
char[length + 1]; // +1 für Nullterminator
strcpy(data, str); }

// Konstruktor kopieren: MyString(const
MyString& other) { length = other.length; data =
new char[length + 1]; std::strcpy(data,
other.data)

// Destruktor: ~MyString() { delete[] data; }
```

```cpp
// Getter für Länge const int getLength() { return length; }

// Daten-Getter-Funktion const char getData() { return data; }

    // Methode zur Anzeige des Strings: void display() const { std::cout << data << std::endl;

    // Zuweisungsoperator. MyString& Operator= (const MyString& Other) { if (this!= &other){ delete[] data; Länge = andere.Länge; data = new char[length + 1]; std::strcpy(data, other.data); }

Int main() { MyString str1("Hallo Welt!"); str1.display(); // Ausgabe: Hallo Welt!

MyString str2 = str1; // Kopierkonstruktor verwenden str2.display(); // Ausgabe: Hallo Welt!
```

```
    MyString str3 = "Ein weiterer String";
str3.display().

    Str3 = str1; String3.display();

    Rückgabe 0; }
```

Erläuterung

Die Klasse „MyString" repräsentiert ein
Zeichenarray („Daten") und dessen Länge.

- Der Konstruktor verwendet einen String
  im C-Stil, um den Anfangswert des
  Strings festzulegen. Der
  Kopierkonstruktor erstellt eine tiefe Kopie
  der Zeichenfolge

- Der Destruktor gibt den dynamisch
  zugewiesenen Speicher frei.
  Getter-Methoden ermöglichen den
  schreibgeschützten Zugriff auf die Daten
  und die Länge der Zeichenfolge.

- Die Methode „display()" sendet den
  String an die Konsole.

- Der Zuweisungsoperator weist ein
  MyString-Objekt einem anderen zu.
  Dieses Beispiel zeigt die grundlegende
  String-Manipulation und
  Speicherverwaltung mithilfe von
  OOP-Prinzipien.

TEIL V

ERWEITERN
IHR WISSEN

Arrays und Vektoren

- Eindimensionale Arrays: Ein zusammenhängender Speicherblock, der Elemente desselben Datentyps speichert. Zur Kompilierungszeit mit einer festen Größe definiert.

- Der Zugriff auf Elemente erfolgt über einen Index, der bei 0 beginnt.

Syntax

Datentyp Arrayname[Größe];'. Beispiel: „int zahlen[5] = {1, 2, 3, 4, 5};". Auf einzelne Elemente kann wie folgt zugegriffen werden: 'numbers[0]', 'numbers[1]

Mehrdimensionale Arrays

Arrays mit mehreren Dimensionen (z. B. 2D, 3D).
Wird zur Darstellung von Tabellen, Matrizen und anderen mehrdimensionalen Datenstrukturen verwendet.

Syntax

Datentyp
Arrayname[Größe1][Größe2]...[GrößeN];'
Beispiel: (2D-Array) 'int Matrix[3][3] = {{1, 2, 3}, {4, 5, 6}, {7, 8, 9}};Zugriff auf einzelne Elemente als Matrix[0][0]','matrix[1][2]

Einführung in Std::vector

Ein dynamisches Array, dessen Größe sich zur Laufzeit ändern kann. Teil der C++ Standard Template Library (STL).

- Bietet mehr Flexibilität und Sicherheit als typische Arrays.

Dies erfordert #include <Vektor>

Syntax

std::vector<data_type> vector_name;'. Zum Beispiel:'std::vector<int> zahlen = {1, 2, 3};

Zu den üblichen Operationen gehören 'push_back()', 'pop_back()', 'size()', 'at()' und ein Iterator.

Hinweise (Einführung)
Was sind Zeiger?

Variablen, die Speicheradressen speichern. Erlauben Sie die direkte Manipulation des Speichers.
Unverzichtbar für die dynamische Speicherzuweisung, die Übergabe von

Argumenten per Referenz und die Arbeit mit
Datenstrukturen.

Grundlegende Zeigersyntax
Erklärung: `data_type pointer_name;` Beispiel:
`int ptr;` Das Symbol zeigt an, dass die Variable
ein Zeiger ist.

**Adressierungs- und
Dereferenzierungsoperatoren**

- *Adresse des Operators (`&`):* Gibt die
  Speicheradresse einer Variablen zurück.

Beispiel: 'int x = 10; int* ptr = &x;' q(ptr enthält
jetzt die Adresse von x).

Dereferenzierungsoperator („*"): Greift auf
den Wert zu, der an der Speicheradresse
gespeichert ist, auf die ein Zeiger zeigt.

Beispiel:
std::cout << ptr;` (gibt den Wert von x aus, der
10 ist).

Kommende Schritte in der C++-Programmierung

Ressourcen für weiteres Lernen

Bücher: „C++ Primer" von Stanley B. Lippman und „Effective Modern C++" von Scott Meyers. Zu den Online-Plattformen gehören cppreference.com, learncpp.com, Coursera und edX.

YouTube-Kanäle: Vorträge von Cherno und Bjarne Stroustrup. Befolgen Sie immer die offizielle ISO C++-Dokumentation.

Vorauszahlung

Erkundung fortgeschrittener C++-Konzepte Beispiele: Generische Programmierung zur Erstellung wiederverwendbaren Codes.

- STL (Standard Template Library) umfasst Container, Algorithmen und Iteratoren.

- Smart Pointer: Automatische Speicherverwaltung.

Ausnahmebehandlung: Zuverlässige Fehlerbehandlung.

Multithreading: Gleichzeitige Programmierung

- Lambda-Ausdrücke sind anonyme Funktionen.
- Neue Funktionen und Verbesserungen der modernen C++-Standards (C++11, C++14, C++17 und C++20).

Erstellen von Projekten mit C++

- Beginnen Sie mit einfachen Projekten und erhöhen Sie nach und nach die Komplexität. Beispiele hierfür sind konsolenbasierte Spiele, einfache Dienstprogramme und Datenverarbeitungsanwendungen.
- Tragen Sie zu Open-Source-Projekten bei und sammeln Sie praktische Erfahrungen.

Für die Beherrschung von C++ ist Übung unerlässlich. Erwägen Sie die Verwendung von Bibliotheken wie SDL oder SFML für die

Spieleerstellung oder QT für die Entwicklung von Benutzeroberflächen.

TEIL VI

DATEIENVERWALTUNG UND ERWEITERTE EIN-/AUSGABE

Eine Einführung in Dateistreams ('fstream')
Die Bibliothek „fstream" (im Lieferumfang von „#include" enthalten) bietet Klassen für Dateieingabe- und -ausgabeoperationen.

- Es ermöglicht Ihren C++-Programmen die Verbindung mit Dateisystemdateien, was zu Datenpersistenz führt.

- Da „fstream" von „iostream" abgeleitet ist, sind viele der für Konsolen-I/O verwendeten Operatoren und Manipulatoren auch auf Datei-I/O anwendbar.

Die Hauptklassen sind:
- **ifstream**: Eingabedateistream (zum Lesen von Dateien).

- ofstream: Ausgabedateistream (zum Schreiben in Dateien).fstream': Eingabe-/Ausgabedateistream (Lesen und Schreiben).

Dateien öffnen und schließen

- („ifstream" und „ofstream") Dateien öffnen: Um eine Datei zu öffnen, verwenden Sie die Konstruktoren „ifstream" oder „ofstream".

Syntax:
ifstream file_in("filename.txt"); oder `ofstream file_out("filename.txt");

Alternativ nutzen Sie die open()-Methode:
ifstream file_in; file_in.open("filename.txt");

Überprüfen Sie immer, ob die Datei erfolgreich geöffnet wurde
file_in.is_open()` oder file_out.is_open().

Dateien schließen

Wenn Sie die Arbeit an einer Datei abgeschlossen haben, schließen Sie sie mit der Methode „close()".
Um eine Datei zu schließen, verwenden Sie die Syntax file_in.close();' oder 'file_out.close();

Dadurch werden Systemressourcen freigegeben und sichergestellt, dass Daten in die Datei geschrieben werden. Dateien werden automatisch am nächsten platziert, wenn das Stream-Objekt den Gültigkeitsbereich verlässt. Es wird jedoch empfohlen, sie direkt zu schließen.

AUS DATEIEN LESEN
('>>', 'getline()')
Verwenden Sie „>>":
Der Extraktionsoperator ('>>') liest Daten aus einer Datei auf ähnliche Weise wie std::cin

- Es liest Daten, bis es auf Leerzeichen (Leerzeichen, Tabulatoren, Zeilenumbrüche) stößt.

- Zum Beispiel, int num; file_in >> num;

Verwendung von getline(): Liest eine vollständige Textzeile aus einer Datei, einschließlich Leerzeichen.

Syntax ist getline(file_in, string_variable);

Zum Beispiel:std::string line; getline(file_in, line);

In Dateien schreiben ('<<')
Der Einfügungsoperator ('<<') schreibt Daten ähnlich wie std::cout

Zum Beispiel: file_out << „Hallo, Datei!" << std::endl;

Dateimodi (Anhängen, Binär usw.) Dateimodi
legen fest, wie eine Datei geöffnet werden soll.

Gemeinsame Modi:

- ios::in: Zur Eingabe geöffnet
  (standardmäßig „ifstream").

- ios::out: Zur Ausgabe öffnen
  (standardmäßig „ofstream").

- ios::app: Am Ende der Datei anhängen.

- ios::binary: Öffnet im Binärmodus.

- ios::trunk: Wenn die Datei bereits
  vorhanden ist, kürzen Sie sie.

Modi können mit dem bitweisen
ODER-Operator ('|') gepaart werden.

Zum Beispiel:

ofstream file_out("data.bin", ios::out |
ios::binary);

Fehlerbehandlung für Datei-E/A

- is_open() prüft, ob eine Datei erfolgreich geöffnet wurde.

- Überprüfen Sie das Dateiende (EOF) mit „file_in.eof()".

Suchen Sie nach Problemen mit dem
Dateistream 'file_in.fail()', 'file_in.bad() und
'file_in.good()
Fehlerflags löschen mit file_in.clear()

UNDBeispiel

C++

```
ifstream file_in("myfile.txt"); if
(!file_in.is_open() { std::cerr << "Fehler beim
Öffnen der Datei!" << std::endl; return 1; //
Einen Fehlercode zurückgeben }
```

Arbeiten mit Binärdateien (Optional)

Die Daten werden im rohen Binärformat ohne Textkodierung gespeichert.
Für die binäre Ein-/Ausgabe verwenden Sie die Funktionen read()' und 'write()'.

Beispiel

C++

```
'ofstream file_out("data.bin", ios::out |
ios::binary); int zahlen[] = {1, 2, 3, 4, 5};
file_out.write(reinterpret_cast(numbers),
sizeof(numbers));
```

Verwenden Sie beim Lesen von Binärdateien denselben „reinterpret_cast", um die gelesenen Zeichendaten wieder in den ursprünglichen Datentyp zu konvertieren. Binärdateien eignen sich besser zum Speichern und Abrufen großer Mengen numerischer oder strukturierter Daten.

TEIL VII

Einführung in die Standard Template Library (STL) und Algorithmen

Einführung in STL-Komponenten Container, Algorithmen und Iteratoren Die Standard Template Library (STL) ist eine Sammlung von C++-Vorlagenklassen und -methoden, die die Programmentwicklung vereinfachen und verbessern.

- Es stellt wiederverwendbare Komponenten für gängige Datenstrukturen und Algorithmen bereit, was die Effizienz und Wartung des Codes verbessert.

Schlüsselkomponenten

- **Container**: Datenstrukturen, die Sammlungen von Objekten enthalten (z. B. Vektoren, Listen und Mengen).

- **Algorithmen**: Funktionen, die typische Datenoperationen ausführen (z. B. Sortieren, Suchen und Transformieren).

- **Iteratoren**: Objekte für den Zugriff auf und das Durchqueren von Elementen in Containern. Die STL fördert die generische Programmierung, die es Algorithmen ermöglicht, mit einer Vielzahl von Containertypen zu funktionieren.

Jenseits von Vektoren
std::list **(Doppelt verknüpfte Listen):** Ein Sequenzcontainer, der Elemente an jeder Stelle effizient einfügt und löscht.
- Elemente werden nicht nacheinander im Speicher gespeichert.

- Diese Funktion bietet bidirektionale Iteratoren und eignet sich daher ideal für Fälle, in denen häufige Einfügungen und Löschungen erforderlich sind.

std::deque **(Doppelendige Warteschlangen)**:Ein Sequenzcontainer für effizientes Einfügen und Löschen sowohl vorne als auch hinten.

- Elemente werden in fortlaufenden Blöcken gespeichert und ermöglichen so einen schnellen Direktzugriff. Iteratoren mit wahlfreiem Zugriff sind nützlich zum Erstellen von Warteschlangen und Stapeln.

std::set und std::map **(Assoziative Container)**: Hält einzigartige Elemente in einer sortierten Reihenfolge.

- Erstellt einen binären Suchbaum. Ermöglicht effizientes Suchen, Einfügen und Löschen.

std::map:Speichert Schlüssel-Wert-Paare, die eindeutig und geordnet sind.

- Implementiert einen binären Suchbaum.
- Bietet eine effiziente schlüsselbasierte Suche.

- Geeignet zum Erstellen von
  Wörterbüchern, Symboltabellen und
  assoziativen Datenstrukturen.

std::stack und std::queue(Containeradapter)
- Bieten Sie eine vereinfachte Schnittstelle
  zu zugrunde liegenden Containern (z. B.
  „deque", „list", „vector").
std::stack:Stellt eine
Last-In-First-Out-Datenstruktur (LIFO) bereit.

std::queue:Stellt eine
First-In-First-Out-Datenstruktur (FIFO) bereit.
Nützlich beim Erstellen von Algorithmen, die
bestimmte Datenzugriffsmuster erfordern.

- Berücksichtigen Sie bei der Auswahl des
  geeigneten Behälters für Ihre
  Anforderungen die folgenden Faktoren:

- Zugriffsmuster (zufälliger und
  sequenzieller Zugriff).

- Anforderungen an das Einfügen und Löschen.

- Such- und Suchleistung.

- Speichernutzung.

std::vector: Für dynamische Arrays mit schnellem Direktzugriff.
std::list: Für häufige Einfügungen und Löschungen.
std::deque: Für effizientes Einfügen und Löschen an beiden Enden.
std::set und std::map: Wird zum Speichern eindeutiger und sortierter Daten verwendet.
std::stack und std::queue: Wird zum Implementieren des Stapel- und Warteschlangenverhaltens verwendet.

Iteratoren
Navigieren und Bearbeiten von STL-Containern
Iteratoren sind verallgemeinerte Zeiger, die einen einheitlichen Zugriff auf Elemente in STL-Containern ermöglichen.

Arten von Iteratoren

- Eingabeiteratoren lesen Elemente in Vorwärtsrichtung.

- **Ausgabe-Iteratoren**: Elemente in Vorwärtsrichtung schreiben.

- Vorwärtsiteratoren lesen und schreiben Elemente in Vorwärtsrichtung.

Bidirektionale Iteratoren: Elemente sowohl in Vorwärts- als auch in Rückwärtsrichtung lesen und schreiben.

- **Iteratoren mit wahlfreiem Zugriff:** Sie ermöglichen den Zugriff auf Elemente an jeder beliebigen Position in konstanter Zeit.

Allgemeine Iteratoroperationen

- **Dereferenzierung** (it): Ruft das Element ab, auf das der Iterator zeigt.

- Inkrementieren (++it): Bewegt den Iterator zum nächsten Element.

- **Dekrementieren** (--it): Bringt den Iterator zum vorherigen Element.

- **Vergleich** ('it1 == it2', 'it1 != it2'): Bestimmen Sie, ob zwei Iteratoren auf dasselbe Element verweisen.

Algorithmen verwenden Iteratoren, um Containerelemente zu bearbeiten.

ANHANG

ASCII-Tabelle
Eine detaillierte Tabelle zur Veranschaulichung
des ASCII-Zeichensatzes. Geben Sie Dezimal-,
Hexadezimal- und Zeichendarstellungen an.
Hilfreich zum Verständnis der Zeichencodierung
und -manipulation.

Häufige C++-Fehler und Fehlerbehebung
Eine Liste regelmäßig auftretender C++-Fehler
(Kompilierung und Laufzeit).
- Beschreibungen der Ursachen und
  Lösungen für jeden Fehler.
- Tipps zum Debuggen und Verwenden von
  Debuggern.
- Beispiele für Fehler sind undefinierte
  Referenzen, Segmentierungsfehler,
  Typkonflikte, Syntaxfehler und
  „Logikfehler".

Techniken zur Fehlerbehebung
- Verwenden eines Debuggers, Hinzufügen
  von Druckanweisungen, Überprüfen von

Compiler-Fehlermeldungen, Aufteilen von Code in kleinere Teile

Glossar der Begriffe

Eine alphabetische Liste der wichtigsten C++-Terminologie. Klare und prägnante Definitionen für jeden Begriff. Fördert das Verständnis und bietet schnelle Referenzen.

Beispielbegriffe

„Compiler" „IDE" * „Variable" „Funktion" „Objekt" „Klasse" „Zeiger" „STL"

INDEX

Enthält einen alphabetischen Index der wichtigsten Themen und Schlüsselwörter sowie Seitenzahlen zur bequemen Navigation.

- Bietet schnellen Zugriff auf bestimmte Informationen.
- Nehmen Sie beispielsweise Folgendes in den Index auf.
- Datentypen, Operatoren, Kontrollstrukturen, Funktionen, Klassen, Zeiger, Vektoren, Iostreams und Strings sind alle enthalten.

www.ingramcontent.com/pod-product-compliance
Lightning Source LLC
LaVergne TN
LVHW052310060326
832902LV00021B/3804